PAYS & PEUPLES

D1080449

13,95

ASIE DU SUD-EST

Antony MASON

959
M398a

Rédacteur : Sue Seddon
Conception : Robert Mathias
Recherches iconographiques : Hugh Olliff
Consultant : Michael Williams

Illustrations : Ann Savage et Mei Lim
Imprimé par L.E.G.O., Vicenza, Italie

Version française : Dorothée Varèze

SOMMAIRE

SITUATION GÉOGRAPHIQUE

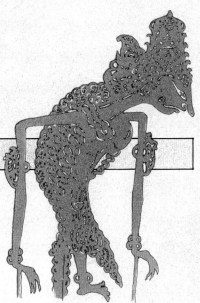

L'Asie du Sud-Est regroupe dix pays différents :
le Brunéi, la Birmanie, le Cambodge (Kampouchéa),
l'Indonésie, le Laos, la Malaisie, les Philippines,
Singapour, la Thaïlande et le Viêt-nam. Suivant
une large courbe, son territoire s'étend des collines
bordant l'est de l'Inde et le sud de la Chine,
jusqu'à la frontière occidentale de Nouvelle-Guinée
et aux mers qui baignent l'Australie. Il comprend la
zone continentale d'Asie du Sud-Est et les archipels
voisins.

Des populations très diverses vivent dans ces
pays. Elles descendent des marchands, des colons
et des conquérants qui, par vagues successives,
pendant des milliers d'années, se sont déplacés à
travers cette région. Ils y ont introduit une grande
variété de langues, de religions et de traditions.

Certaines des techniques industrielles les plus
modernes du monde sont, à l'heure actuelle,
utilisées dans les pays du Sud-Est asiatique.
A l'opposé, dans les régions isolées des montagnes
et des forêts, les habitants vivent encore comme
autrefois.

Malgré leur grande diversité, les pays constituant
cette région se reconnaissent de nombreux points
communs. L'économie de la plupart d'entre eux est
basée sur l'agriculture et le commerce. Presque tous
ont récemment obtenu leur indépendance.
Ils cherchent à se développer en utilisant
leurs énormes richesses naturelles et leur sens
commercial.

Une identité commune
L'Association des Nations
du Sud-Est asiatique
(A.N.S.E.A.) a été créée
en 1967.
Les six pays membres sont :
l'Indonésie, la Thaïlande,
les Philippines, la Malaisie,
Singapour et le Brunéi.
Elle a comme objectif de
rapprocher les différents pays
membres. Pour l'instant,
les autres États n'y ont pas
encore adhéré.

Emblèmes de l'Asie du Sud-Est

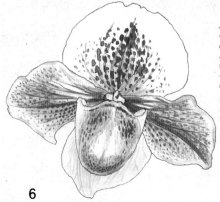

Le climat chaud et humide
de cette région convient
parfaitement aux orchidées.
Destinées à l'exportation,
on les cultive aujourd'hui
selon des techniques de
production intensive.
Les spectacles d'ombres
chinoises, réalisés avec des
marionnettes en cuir ou en
papier découpé, restent une
distraction très appréciée,
particulièrement en Malaisie
et en Indonésie.

INDE

CHINE

Irawadi

BIRMANIE

LAOS

Hanoi

Rangoon

Ventiane

THAÏLANDE

Bangkok

Mékong

N

CAMBODGE
(KAMPOUCHEA)

Phnom Penh

VIÊT-NAM

Luçon

Manille

PHILIPPINES

Palawan

MER DE CHINE
MÉRIDIONALE

Mindanao

BRUNÉI

Sabah

MALAISIE

Kuala Lumpur

Sarawak

Équateur

SINGAPOUR

OCÉAN PACIFIQUE

Sumatra

Kalimantan
(Bornéo)

Sulawesi

Moluques
(Célèbes)

Irian Jaya

OCÉAN
INDIEN

Djakarta

INDONÉSIE

Java

Bali

Flores

Timor

PAPOUASIE-
NOUVELLE-GUINÉE

Birmanie   **Thaïlande**   **Laos**   **Cambodge**

Viêt-nam   **Malaisie**

Singapour   **Indonésie**

Philippines   **Brunéi**

Points de repère

▶ L'Asie du Sud-Est s'étend sur environ cinq millions de kilomètres carrés. Elle couvre, en plus, un espace maritime de 12 millions de kilomètres carrés, soit une zone plus vaste que l'Europe ou les États-Unis.
▶ L'Asie du Sud-Est compte plus de 400 millions d'habitants, environ un dixième de la population mondiale.
▶ Avec 177 millions d'habitants, l'Indonésie est le cinquième pays du monde par sa population.
▶ Au Laos, au Viêt-nam et au Cambodge, le revenu moyen par habitant est l'un des plus bas du monde.
▶ Le pétrole fait du Brunéi l'un des plus riches pays du monde.
▶ On parle de nombreuses langues en Asie du Sud-Est : il y a quatre langues officielles en Malaisie et il paraît qu'aux Philippines, on en parle 77.

Légende

Montagnes
Plateaux
Forêts
Plaines alluviales

AUSTRALIE

Pays et capitales
Cette carte représente les principaux pays d'Asie du Sud-Est, ainsi que leurs capitales. Le drapeau de chaque pays est reproduit en haut, à droite. Les noms des îles les plus importantes sont également indiqués.

7

DES ÎLES ET DES VOLCANS

L'Asie du Sud-Est est traversée par l'équateur. Dans les plaines, il fait chaud et humide presque toute l'année ; la température moyenne est de l'ordre de 28 degrés. Les régions montagneuses sont plus fraîches. La saison des pluies est longue, on l'appelle la *mousson*. Des pluies torrentielles s'abattent alors sur la région pendant des jours et des jours. D'immenses forêts humides et toujours vertes couvrent une grande partie du territoire. Les conditions climatiques sont idéales pour la culture du riz, l'une des principales productions agricoles.

Les tremblements de terre et les éruptions volcaniques sont fréquents en Asie du Sud-Est, car cette région est située le long d'une *zone d'affrontement* de trois grandes plaques de l'écorce terrestre. Beaucoup de montagnes et d'îles sont d'origine volcanique. Les volcans sont dangereux, mais ils ont aussi un rôle bénéfique. En effet, les sols volcaniques sont très riches et le Sud-Est asiatique est considéré comme l'une des régions les plus fertiles du monde.

Jours de pluie

Les pluies abondantes de la mousson tombent presque chaque jour, pendant quatre à cinq mois ; elles alimentent les fleuves et irriguent les plantations de riz, mais inondent souvent les maisons et les villages. L'époque de la mousson varie d'un pays à l'autre. Ces enfants se servent d'une feuille de bananier comme parapluie.

Sur les mers

L'Asie du Sud-Est possède des milliers de kilomètres de côtes, baignées par des mers chaudes et poissonneuses, parsemées de nombreux villages de pêcheurs. Les bateaux, indispensables, servent autant pour la pêche, le commerce que pour les transports. Encore construits selon les techniques traditionnelles, ils sont de nos jours fréquemment équipés d'un moteur. Les grands flotteurs en bois ou en bambou, situés de chaque côté de la coque de ces pirogues à balancier, servent à préserver leur stabilité, car la mer est souvent houleuse.

Points de repère

▶ L'Asie du Sud-Est compte des dizaines de milliers d'îles. L'Indonésie comprend 13 677 îles, dont 2 000 sont inhabitées. Les Philippines en comptent 7 107 ; 1 000 environ sont inhabitées.

▶ En Indonésie, on trouve 167 volcans (dont 128 sont encore en activité), soit plus que dans n'importe quel autre pays du monde.

▶ Le sommet le plus élevé de toute la région est le Pucak Jaya (5 030 m), en Nouvelle Guinée Occidentale (Irian Jaya).

▶ Le Mékong est le principal fleuve d'Asie du Sud-Est : il mesure 4 184 kilomètres entre sa source, au Tibet, et son delta, au Viêt-nam.

▶ Il tombe au moins un mètre cinquante de pluie pendant la mousson (dans de nombreuses régions françaises, la hauteur annuelle des précipitations ne dépasse pas un mètre).

Une énorme explosion

En 1883, le bruit de l'explosion qui accompagna l'éruption du volcan indonésien Krakatoa, situé en mer entre Java et Sumatra, se répercuta à 5 000 kilomètres à la ronde. Cette éruption provoqua un raz de marée qui fit 36 000 victimes.
Le volcan Anak Krakatoa (Fils de Krakatoa), représenté ici et situé dans la même zone, est toujours en activité.

Le fléau des typhons

Les typhons sont des vents qui soufflent de 100 à 300 kilomètres à l'heure. Ils causent régulièrement d'énormes dégâts dans les îles. En 1984, aux Philippines, deux typhons provoquèrent le naufrage de onze navires et la mort de 16 000 personnes.

L'ENVIRONNEMENT NATUREL

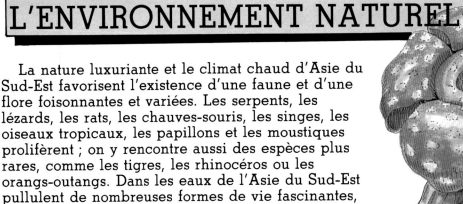

La nature luxuriante et le climat chaud d'Asie du Sud-Est favorisent l'existence d'une faune et d'une flore foisonnantes et variées. Les serpents, les lézards, les rats, les chauves-souris, les singes, les oiseaux tropicaux, les papillons et les moustiques prolifèrent ; on y rencontre aussi des espèces plus rares, comme les tigres, les rhinocéros ou les orangs-outangs. Dans les eaux de l'Asie du Sud-Est pullulent de nombreuses formes de vie fascinantes, depuis les coraux et les mollusques, comme le nautile avec sa coquille en spirale, jusqu'aux anguilles de mer, dauphins, et poissons tropicaux aux vives couleurs.

Comme partout ailleurs, la faune et la flore d'Asie du Sud-Est sont menacées par l'homme. On abat chaque année des milliers d'hectares de forêt, soit pour exploiter le bois, soit pour défricher afin de cultiver la terre et nourrir une population de plus en plus nombreuse. On détruit ainsi l'habitat naturel d'un grand nombre de plantes et d'animaux. La pêche trop intensive pratiquée par les flottes de chalutiers modernes est préoccupante pour la sauvegarde des eaux. La protection de l'environnement de cette région est considérée comme une priorité par les pays membres de l'A.N.S.E.A., ainsi que par les autres pays du monde.

Une fleur bien peu fragile

La fleur de la rafflesia, qui pousse à Java, est la plus grosse fleur du monde. Elle mesure presque un mètre de diamètre, près de deux centimètres d'épaisseur, et elle pèse environ sept kilos. Elle a malheureusement une odeur de viande pourrie !

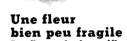

Un dragon bien réel

Le plus gros lézard du monde vit dans l'île indonésienne de Komodo ; on l'appelle le dragon de Komodo. Il peut atteindre quatre mètres de long et peser jusqu'à 150 kilos. Très agressif, il tue des cerfs, des chèvres et des sangliers pour se nourrir.

L'homme des bois

En dépit de leur taille, les orangs-outangs figurent parmi les primates les plus doux ; ils vivent en groupe, se nourrissent principalement de fruits et de feuilles, et passent la nuit dans les arbres. On en trouve encore à Kalimantan (Bornéo) et à Sumatra, mais leur nombre a diminué de façon dramatique depuis la destruction des forêts tropicales. Le mot *orang-outang* signifie *homme des bois* en malais.

L'oiseau prisonnier

La taille du calao géant peut atteindre un mètre. Une excroissance cornée, dont on ignore la fonction, surmonte son bec. Les calaos ont une étrange habitude : lorsque la femelle pond, le mâle construit autour d'elle une cage de boue dans laquelle il l'enferme jusqu'à l'éclosion des œufs ; il ne laisse qu'une étroite ouverture par laquelle il lui passe la nourriture.

Une forêt surpeuplée

Les singes abondent dans les épaisses forêts d'Asie du Sud-Est ; leur faculté d'adaptation leur a permis de survivre, même dans les zones forestières en partie détruites par l'exploitation du bois ou le défrichage des sols.

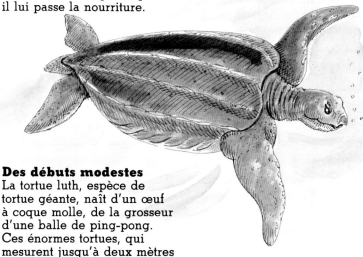

Des débuts modestes

La tortue luth, espèce de tortue géante, naît d'un œuf à coque molle, de la grosseur d'une balle de ping-pong. Ces énormes tortues, qui mesurent jusqu'à deux mètres de long et pèsent près d'une tonne, viennent pondre leurs œufs dans les sables chauds de la côte de Terengganu, en Malaisie, un de leurs lieux de ponte habituels. Le reste du temps, elles vivent en mer.

DE MULTIPLES ORIGINES

L'Asie du Sud-Est est peuplée depuis au moins 300 000 ans. Les premiers habitants étaient de la même origine que les aborigènes australiens. Vers l'an 3000 avant Jésus-Christ, des peuplades provenant de territoires faisant aujourd'hui partie de la Chine s'installèrent dans cette région. Elles se fixèrent dans la péninsule malaise, puis se répandirent dans les îles ; elles donnèrent naissance au peuple malais. Par la suite, les Chinois, venant du Nord, continuèrent d'affluer dans la partie continentale de l'Asie du Sud-Est.

De grands royaumes prospérèrent, puis déclinèrent. Le royaume Khmer, qui occupait le territoire du Cambodge actuel, connut une période florissante du VIIe au XVe siècle. A la même époque, l'Empire Srivijaya, établi au sud, dans l'île de Sumatra, contrôlait le commerce qui passait par le détroit de Malacca. L'Empire Thaï, fondé en 1351, étendit sa domination sur toute la zone continentale d'Asie du Sud-Est pendant 400 ans, jusqu'en 1760 ; au dire des visiteurs européens, la ville d'Ayuthyâ, joyau de cet empire, était plus raffinée et plus éblouissante que Paris ou Londres.

Les marchands indiens, venus vendre de la soie, des bijoux, des métaux précieux et des épices, propagèrent leurs croyances religieuses, l'hindouisme tout d'abord, puis le bouddhisme, et enfin l'islam, à partir du XVe siècle. Chacune de ces trois religions devait fortement influencer l'Asie du Sud-Est.

Le poignard sacré
Souvenir d'un passé guerrier, le *criss* fait encore partie du costume traditionnel des Indonésiens et des Malais. Sa lame sinueuse est réputée pour causer des blessures particulièrement graves ; mais, plus qu'une arme, le criss est aussi un symbole de force et de chance. Il est souvent superbement ouvragé.

Un peuple à part
Jusqu'à la fin du XXe siècle, les populations originaires du sud de la Chine poursuivirent leur émigration vers l'Asie du Sud-Est. Beaucoup de ces groupes ont conservé, jusqu'à ce jour, leur identité tribale. Ces femmes sont membres de l'ethnie Akha, qui vit dans les montagnes, à la frontière du Laos, de la Thaïlande et de la Birmanie.

La ville oubliée

Jusqu'en 1431, les Khmers
dominèrent la majeure partie
de la zone continentale d'Asie
du Sud-Est ; vaincus par
les Thaïs, ils abandonnèrent
Angkor, leur capitale.
Pendant 400 ans, Angkor fut
envahie par la jungle, jusqu'à
ce qu'un naturaliste français
la découvre en 1860. Elle fut
peu à peu dégagée et
son extraordinaire splendeur
réapparut. Elle compte
600 temples hindous ;
la photo ci-contre représente
le plus grand de tous :
le Temple d'Angkor Vat.

La ville des bouddhas d'or

Jusqu'à sa destruction par
les Birmans, en 1767, la ville
étincelante de Ayuthyâ était
la capitale de l'Empire Thaï.
Elle comptait 1 700 temples
et 4 000 bouddhas en or.
Un voyageur européen
raconte qu'à une distance de
plusieurs kilomètres, le
réfléchissement du soleil sur
l'or des temples était si fort
qu'il aveuglait complètement.

LES ÎLES AUX ÉPICES

Pendant 1 500 ans, les Européens achetèrent des épices aux marchands arabes du Moyen-Orient, sachant seulement qu'elles provenaient de régions situées plus à l'est. Le commerce des épices était extrêmement lucratif ; les Européens les utilisaient pour conserver la viande, assaisonner les aliments et préparer des médicaments.

Au début du XVIe siècle, les explorateurs européens se lancèrent avec passion à la découverte des pays producteurs d'épices. Les Portugais furent les premiers à atteindre l'Asie du Sud-Est ; en 1511, ils débarquèrent aux Moluques, les îles aux épices. Installés à Java, les Hollandais constituèrent la Compagnie des Indes, en 1602, et développèrent le commerce des épices sur lequel ils allaient régner pendant trois siècles.

Attirés par les immenses ressources naturelles de cette région, d'autres Européens se lancèrent sur leurs traces. En 1565, les Espagnols établirent leur domination sur les Philippines, ainsi nommées en hommage au roi d'Espagne, Philippe II. Au XIXe siècle, les Anglais s'emparèrent progressivement de la Malaisie, de Bornéo (Kalimantan) et de la Birmanie. Les Français colonisèrent le Cambodge, le Laos et le Viêt-nam (1858-1888).

A la fin du XIXe siècle, la Thaïlande restait le seul pays d'Asie du Sud-Est qui ait échappé à la domination d'un pays européen.

Des marchands aux colons

Les marchands européens vinrent tout d'abord en Asie du Sud-Est dans le dessein de s'enrichir par le commerce et, plus tard, avec le désir de s'y établir. Beaucoup d'entre eux épousèrent des indigènes et collaborèrent avec les autorités locales. Par la suite, ils s'emparèrent progressivement du gouvernement et des terres, jusqu'à l'établissement officiel de colonies, directement administrées par les gouvernements européens.

L'attrait des épices

La noix de muscade, dont l'écorce est recouverte d'une enveloppe fibreuse, et le clou de girofle étaient les épices les plus recherchées par les Européens. Elles poussaient uniquement dans certaines petites îles de l'archipel des Moluques, situées entre Sulawesi (les Célèbes) et Irian Jaya (la Nouvelle Guinée Occidentale). On trouve aussi d'autres épices dans cette partie du monde, notamment le poivre et le gingembre.

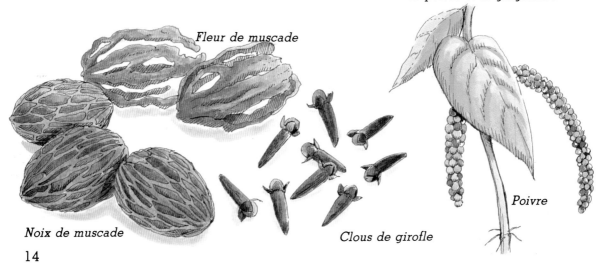

Fleur de muscade

Noix de muscade

Clous de girofle

Poivre

14

Une position privilégiée

La majeure partie du commerce avec l'Asie du Sud-Est passait par le détroit de Malacca, situé entre Sumatra et la Malaisie. Sur ses rives fut construite la ville de Malacca (photo ci-contre), connue autrefois comme l'un des ports les plus riches du monde. Fondée en 1403, elle fut la capitale d'une grande nation commerçante musulmane ; puis, elle passa successivement aux mains des Portugais en 1511, des Hollandais en 1641, et des Anglais en 1824.

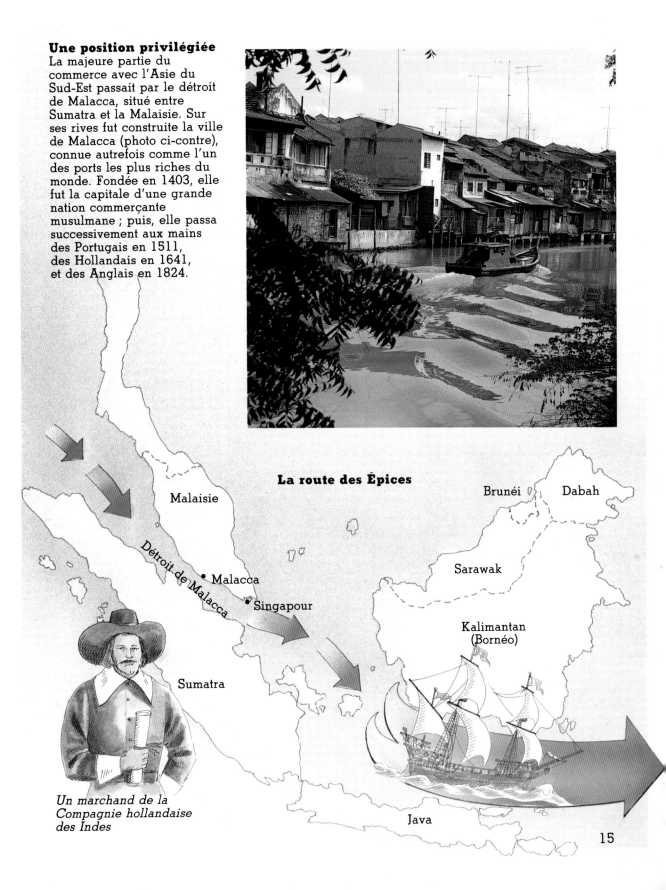

La route des Épices

Malaisie

Détroit de Malacca

● Malacca

● Singapour

Sumatra

*Un marchand de la
Compagnie hollandaise
des Indes*

Brunéi

Dabah

Sarawak

Kalimantan
(Bornéo)

Java

15

UN SOL FERTILE

Le riche sol volcanique de l'Asie du Sud-Est convient à de nombreuses cultures ; il est irrigué par les pluies de la mousson et par plusieurs fleuves. Depuis des milliers d'années, on y cultive le riz ; c'est l'un des principaux produits d'exportation et la base de l'alimentation de la plupart de ces pays. En Asie du Sud-Est, chacun, à de rares exceptions près, mange du riz au moins une fois par jour, sinon aux trois repas.

Les fruits tropicaux poussent en abondance sous ce climat chaud et humide. Citons, entre autres, les papayes, les bananes, les mangues et les noix de coco. Les épaisses forêts constituent une source de richesse : on exploite les bois précieux, surtout des bois durs comme le teck, l'acajou et l'ébène.

Les colons européens élargirent l'éventail des cultures pratiquées dans le Sud-Est asiatique. Au XIXe siècle, ils créèrent d'énormes plantations de tabac, de canne à sucre, de thé et de café. Les palmiers à huile et les cocotiers fournissaient des huiles servant à la fabrication du savon, de la margarine et de l'huile de table. Au début du XXe siècle, un grand nombre d'hévéas (arbres à caoutchouc) furent plantés pour répondre à la demande internationale de caoutchouc pour la fabrication des pneus de voiture.

Une sève laiteuse

L'arbre à caoutchouc (hévéa) est originaire de Guyane. Des graines furent introduites en fraude en Malaisie, vers la fin du XIXe siècle. La sève (le latex) est récoltée tous les matins, puis mélangée avec de l'acide formique ; on obtient alors des plaques de caoutchouc brut qui sont envoyées en usine pour être traitées. L'exploitation du caoutchouc naturel a connu un certain déclin depuis l'apparition des caoutchoucs synthétiques ; cependant certains produits, comme les pneus ou les sandales, sont encore fabriqués avec du caoutchouc naturel.

Un bienfait contestable

L'opium est la sève tirée de la cosse des graines d'une certaine variété de pavot. On le cultive encore dans les régions montagneuses isolées de la zone continentale d'Asie du Sud-Est. L'opium sert à la fabrication de médicaments analgésiques comme la morphine, réservée à un usage médical ; mais il sert aussi à fabriquer l'héroïne, une drogue dont la consommation très dangereuse est illégale.

Points de repère

► L'Indonésie est le troisième pays producteur de riz du monde, mais elle consomme toute sa production. La Thaïlande est le premier exportateur de riz du monde. Seuls, la Malaisie et Singapour doivent importer du riz.

► Près de 75 pour cent de la production mondiale de bois tropicaux vient d'Asie du Sud-Est.

► La Malaisie est le premier producteur mondial d'huile de palme.

► Le commerce des épices a décliné à mesure que les méthodes de conservation des aliments s'amélioraient.

► La consommation d'héroïne est un problème sérieux en Asie du Sud-Est ; on estime que le nombre de drogués se monte à plusieurs centaines de milliers.

Culture en terrasses

On pense que certaines
collines, comme celles-ci
aux Philippines, sur lesquelles
on pratique la culture du riz
en terrasses, sont cultivées
depuis plus de trois mille ans.
Grâce à un contrôle sérieux
de l'irrigation, cette forme
de culture peut produire deux
à trois récoltes par an.

Une vie de labeur

Le teck, l'acajou et l'ébène
poussent dans les forêts
d'Asie du Sud-Est. On utilise
encore les éléphants pour
le transport du bois précieux ;
ils sont capables de déplacer
des billes de bois à l'intérieur
de la forêt, sans provoquer
les mêmes dégâts qu'une
machine.

LES RICHESSES DU SOUS-SOL

Le sous-sol de l'Asie du Sud-Est est riche en minerais, surtout en étain, cuivre, or, bauxite (composant de l'aluminium), tungstène et manganèse (utilisé dans la fabrication de l'acier). On trouve aussi du charbon et des pierres précieuses, principalement des saphirs et des rubis. C'est vers la fin du XIXᵉ siècle que l'exploitation minière s'est vu accorder une place privilégiée ; les minerais servaient de matières premières aux industries de transformation européennes.

Le développement rapide de l'extraction minière (et celui des plantations) impliquait l'emploi d'un grand nombre d'ouvriers. Les colonisateurs européens firent venir en Asie du Sud-Est des milliers d'Indiens et de Chinois qui constituaient une main-d'œuvre bon marché. Beaucoup sont restés.

L'exploitation minière demeure une industrie importante en Asie du Sud-Est mais, au cours de ces dernières années, le pétrole est passé au premier plan.

Les coolies
Coolie est un mot indien qui veut dire « manœuvre » ou « ouvrier » ; c'était le terme employé par les Européens pour parler de leurs ouvriers indiens et chinois. Ces hommes, et parfois leurs familles, travaillaient dans des conditions très dures, effectuant les tâches les plus ingrates pour des salaires dérisoires. Par la suite, certains des descendants de ces *coolies* se sont enrichis dans le commerce ou les affaires.

L'extraction de l'étain
Avant l'arrivée des Européens, les mines d'étain de Malaisie étaient exploitées par les Chinois. Désormais, les procédés modernes d'extraction consistent à inonder artificiellement les mines, puis à en extraire une boue épaisse qui est ensuite filtrée. Elle nécessite relativement peu de main-d'œuvre puisque ce sont à présent des machines qui font l'essentiel du travail d'extraction.

Un pays riche en pétrole

Avant que, vers le milieu des années 1980, la surproduction mondiale n'entraîne l'effondrement des prix du pétrole, au Brunéi, ce pays minuscule, le revenu par habitant était le plus élevé du monde. Ce statut privilégié est dû aux énormes réserves de pétrole que recèle son sous-sol. La majeure partie de la production pétrolière est contrôlée par le sultan qui redistribue les bénéfices à la population sous différentes formes : l'enseignement et les soins médicaux sont gratuits, il n'y a pas d'impôts. Le niveau de vie actuel des habitants du Brunéi est encore très élevé.

De véritables trésors

On extrait des rubis et des saphirs en Thaïlande ; certains des plus beaux rubis du monde proviennent de Birmanie. Au large de l'île Aroe, près d'Irian Jaya, en Indonésie, les plongeurs risquent leur vie pour aller chercher des huîtres au fond de la mer. Une fois ouvertes, ces huîtres révèlent un autre trésor de l'Asie du Sud-Est : les perles.

L'or noir

Le pétrole et le gaz naturel sont l'une des principales sources de revenus de la plupart des pays d'Asie du Sud-Est, notamment de la Malaisie. Ces ouvriers préparent un forage sur une plate-forme pétrolière.

LES GUERRES ET L'INDÉPENDANCE

Le pouvoir des Européens semblait fermement établi en Asie du Sud-Est ; pourtant, au cours de la Seconde Guerre mondiale, l'armée japonaise ne mit que 122 jours pour s'emparer de toute la région. Après la défaite japonaise, en 1945, les Européens tentèrent de reprendre leurs anciennes colonies, mais l'Asie du Sud-Est voulait désormais son indépendance.

Au cours des années qui suivirent, des troubles et de nombreux conflits éclatèrent dans tout le Sud-Est asiatique. Les différents pays combattirent tout d'abord pour se libérer de la domination européenne, puis luttèrent entre eux pour prendre le contrôle de la région. La plupart ont désormais conquis leur indépendance, mais non sans de violents affrontements. Songeons à la guerre du Viêt-nam pendant laquelle les Français, puis les Américains tentèrent, vingt ans durant, de s'opposer à la victoire des troupes communistes au nord du Viêt-nam. Récemment, le Cambodge (Kampouchea) a horriblement souffert sous la dictature des Khmers Rouges, conduite par Pol Pot, qui poussa le pays à la ruine. Les gouvernements du Cambodge et du Laos sont désormais sous le contrôle des Vietnamiens.

Merdeka !
Ce cri de liberté, scandé par les Indonésiens au cours de leur lutte contre les Hollandais, traduisait leur désir d'indépendance. Cette statue se trouve à Djakarta et commémore le départ des Hollandais d'Irian Jaya, en 1963. Aujourd'hui, beaucoup d'habitants d'Irian Jaya n'acceptent pas non plus le gouvernement indonésien ; ils préféreraient avoir un gouvernement autonome.

Une lutte incessante
Certains habitants d'Asie du Sud-Est refusent d'accepter le tracé des frontières ou de se soumettre au gouvernement de leur pays. Les séparatistes Karens (ci-contre), qui vivent au sud-est de la Birmanie, ont armé 10 000 hommes. Depuis plus de trente ans, ils se battent contre l'État birman pour obtenir leur indépendance.

Une guerre amère

Lorsque les Français se retirèrent du Viêt-nam en 1954, après la défaite de Diên-Biên-Phû, le pays fut divisé en deux parties, le Nord Viêt-nam et le Sud Viêt-nam. Avec le soutien du Nord Viêt-nam, des communistes tentèrent de renverser le gouvernement du Sud Viêt-nam. Les États-Unis se portèrent au secours du Sud Viêt-nam et, de 1965 à 1975, une guerre totale fit rage, coûtant des millions de vies humaines. Les États-Unis finirent par se retirer. Les Nord-Vietnamiens s'emparèrent alors du pouvoir et unifièrent les deux pays. Ci-dessous, un ravitaillement de troupes sud-vietnamiennes par les Américains.

Le héros des Philippines

Le Philippin, José Rizal (1861-1896), écrivain, artiste, médecin, fut l'initiateur de réformes sociales. Les autorités espagnoles le firent exécuter parce qu'il les avait critiquées. Son exécution fut à l'origine de la guerre d'indépendance contre l'Espagne.

Points de repère

▶ 57 000 soldats américains, et près de deux millions de civils et de militaires vietnamiens, sont morts pendant la guerre du Viêt-nam (1965-1975). Les Américains ont lâché sur le Viêt-nam plus de sept millions de tonnes de bombes.

▶ Sous le gouvernement des Khmers Rouges (1975-1978), au Cambodge, on pense que près de deux millions de Cambodgiens furent exécutés ou tués sur une population de sept millions d'habitants.

▶ Les nombreux réfugiés vietnamiens, cambodgiens et laotiens ont été une lourde charge pour les pays du Sud-Est asiatique.

▶ Six groupes de population différents font régulièrement peser des menaces de guerre sur le gouvernement birman : les Karens, les Kachins, les Chans, les Môns, les Arakaneses et les membres du Parti communiste birman.

DES VILLAGES AUX NATIONS

En Asie du Sud-Est, les formes de gouvernement sont multiples et varient beaucoup d'un pays à l'autre. Le Viêt-nam, le Cambodge et le Laos ont un régime communiste, avec une assemblée constituée de membres nommés par le parti communiste. La Thaïlande est dirigée par un roi et le gouvernement est élu, comme en Indonésie, où il est néanmoins placé sous le contrôle de l'armée. La Malaisie est une monarchie parlementaire : les membres de l'assemblée sont élus, ceux de la Chambre Haute sont nommés ; de plus, le mode de fonctionnement monarchique est très original : les neuf sultans montent sur le trône à tour de rôle et règnent pendant une période de cinq ans.

Malgré une telle diversité, les pays d'Asie du Sud-Est ont en commun un certain nombre d'idées en matière de gouvernement. Ils sont tous très attachés à l'idée de « consensus », ce qui veut dire qu'ils considèrent que toute décision doit être prise avec l'accord du plus grand nombre. Ce mode de pensée n'est pas sans rappeler les habitudes de vie dans les villages des rizières, où la collaboration et l'accord de tous étaient nécessaires au bon fonctionnement des systèmes complexes d'irrigation.

Dans les villages

Les populations d'Asie du Sud-Est ont toujours eu du respect pour les hommes au pouvoir, que ce soit le président du pays ou le chef du village. Dans les villages, le chef (ci-dessous) est désigné à l'unanimité. Ses décisions sont respectées et obéies. Cette structure d'organisation joue un grand rôle dans la vie des villages, mais aussi dans celle des faubourgs des villes.

22

Un gouvernement moderne

Les nouveaux bâtiments du parlement de Kuala Lumpur, en Malaisie, reflètent la récente richesse du pays ; ils illustrent aussi la volonté du gouvernement de résoudre les problèmes en se tournant résolument du côté de la modernisation.

Sultans et rois

La Thaïlande est gouvernée par un roi. En Malaisie, neuf sultans assument tour à tour ce rôle. Le Brunéi est également gouverné par un sultan. Bien que leur pouvoir politique soit limité (sauf dans le cas du Brunéi), ces sultans ont encore une grande autorité et inspirent un grand respect. L'exercice de leurs fonctions s'accompagne souvent d'un cérémonial compliqué.

AU CARREFOUR DES RELIGIONS

La religion joue un grand rôle dans la vie des habitants d'Asie du Sud-Est. La plupart des principales religions du monde sont représentées dans cette région : l'hindouisme, le bouddhisme, l'islam et le christianisme. Il faut y ajouter les philosophies religieuses chinoises : le taoïsme et le confucianisme. Enfin, les vieilles croyances dans les esprits de la nature et les dieux tribaux sont restées très vivantes.

La majeure partie de l'Asie du Sud-Est fut autrefois influencée par les grands empires hindous et bouddhistes, qui se succédèrent entre le VIIIe et le XVIIIe siècle ; la culture et la mentalité des habitants sont donc imprégnées de ces deux religions. Aux Philippines, les missionnaires catholiques espagnols convertirent presque toute la population au christianisme. C'est le seul pays en majorité chrétien d'Asie du Sud-Est.

Les adeptes de l'islam sont les plus nombreux en Malaisie et en Indonésie, où il y a plus de 150 millions de musulmans, soit 87 pour cent de la population. Au contraire, en Thaïlande et aux Philippines, l'Islam est très minoritaire : il ne touche que 3 à 4 pour cent de la population. Exception faite des organisations extrémistes, les différentes religions sont acceptées avec tolérance dans toute la région, sauf dans les pays communistes.

Le zèle des missionnaires
La plupart des Philippins sont chrétiens ; c'est le résultat du zèle des premiers missionnaires catholiques envoyés par l'Espagne. Dans la majorité des villes et des villages, l'église est le centre de la vie locale.

Les objets du culte
Tous les pays bouddhistes de la zone continentale d'Asie du Sud-Est possèdent de nombreuses statues de Bouddha. La plupart d'entre elles sont de très grande dimension. Certaines sont en or massif, comme celle-ci, qui se trouve dans un temple de Bangkok, en Thaïlande.

La présence arabe

La Mecque est le berceau de la religion musulmane, l'islam. C'est dans cette ville arabe que naquit le prophète Mahomet. Au XIIIe siècle, les marchands d'épices arabes propagèrent l'islam en Asie du Sud-Est. Les mosquées sont présentes dans presque toute l'Asie du Sud-Est ; les musulmans viennent y prier et se prosternent en direction de La Mecque. La photo ci-contre représente la mosquée Mal Kapitan Kling, en Malaisie.

Des croyances ancestrales

On retrouve, dans la plupart des religions d'Asie du Sud-Est, certains éléments de croyances plus anciennes, comme le culte des esprits ou celui des ancêtres. On peut souvent observer, devant les maisons et les immeubles de Thaïlande, ces sortes d'autels, construits en hommage aux ancêtres de la famille et aux esprits du lieu.

L'île des temples

La religion hindoue fait partie de la vie quotidienne dans l'île de Bali, en Indonésie. Il y a au moins trois temples dans chaque village et plusieurs douzaines disséminés dans le reste de l'île, au bord de la mer, des fleuves et des lacs, près des volcans et dans la campagne. Des centaines de fêtes religieuses ont lieu tout au long de l'année. Presque tous ces temples sont ornés de sculptures très travaillées.

PERMANENCE DES TRADITIONS

La plupart des habitants d'Asie du Sud-Est vivent à la campagne ou près des côtes. Agriculteurs ou pêcheurs, leurs méthodes de travail demeurent très proches de celles de leurs ancêtres. Le village est le centre de leur vie. Les villageois s'approvisionnent entièrement au marché, mais de temps à autre, ils se rendent tout de même en ville pour vendre leurs produits, acheter des vêtements et des outils.

Dans les zones rurales, la plupart des maisons sont construites avec les matériaux locaux, comme le bois, le bambou et les feuilles de palmiers qui servent à confectionner les toitures. Les maisons sont souvent construites sur pilotis, ce qui les protège des inondations provoquées par la mousson.

Les populations rurales gagnent peu d'argent, selon les critères occidentaux. Mais, généralement, cette modeste somme suffit à leur assurer la nourriture et un logement décent. Les villages entrent peu à peu dans le monde moderne, grâce à la télévision et à la radio, aux autobus et aux motos, au ciment et à la tôle ondulée.

Tout le monde n'est cependant pas favorable au changement. La Birmanie a opposé une résistance délibérée à la modernisation et, pendant des années, elle est restée fermée aux étrangers et à toute influence extérieure. Certaines tribus d'Irian Jaya se sont isolées dans les montagnes, pour conserver leur mode de vie ancestral.

Une sobre élégance
Bien que, dans toute l'Asie du Sud-Est, le port des tenues occidentales se généralise, beaucoup de gens leur préfèrent encore des vêtements traditionnels.
Le vêtement le plus courant est le *sarong* (nom d'origine malaise) ; il s'agit d'un tissu que les hommes et les femmes se drapent autour des hanches, pour en faire une sorte de jupe ou de « paréo ».

Les nomades marins
Certains villages de pêcheurs sont construits sur l'eau, en bordure des côtes ou à proximité des petites îles. On ne peut s'y rendre qu'en bateau et toutes les maisons sont reliées entre elles par des passerelles flottantes.

Les marchés flottants

Certains quartiers de Bangkok, en Thaïlande, sont construits sur les rives marécageuses du fleuve Chao Phrya. Sur les canaux très encombrés, appelés *klongs*, sont aménagés des marchés flottants. Marchands et acheteurs s'y rendent en bateaux.

La médecine par les plantes

L'influence de la médecine traditionnelle occupe une large place en Asie du Sud-Est. En cas de maladie, beaucoup de gens ont d'abord recours à elle ou à un herboriste spécialisé dans les traitements à base de plantes (photo ci-contre).

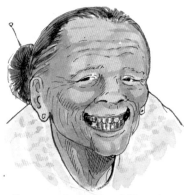

Le sourire inquiétant

Pas de panique ! On voit souvent, dans les campagnes, des gens cracher un liquide rouge qui ressemble à du sang. Il s'agit en fait du jus de la noix d'arec (dont on fait le cachou), que les gens mâchent pour ses vertus digestives.

L'art de la construction

De superbes maisons sur pilotis sont entièrement construites à la main, par la tribu des Toradjas qui vit dans l'île indonésienne de Sulawesi (les Célèbes). Ils n'utilisent que des matériaux locaux.

L'ARTISANAT : UN MODE DE VIE

La grande beauté des produits de l'artisanat traditionnel est le résultat d'un travail habile et patient. Dans la plupart des pays d'Asie du Sud-Est, les artistes et les artisans sont admirés et respectés.

Les artisans fabriquent surtout des objets usuels. Ils font des meubles de rotin ; un mobilier très simple, fait avec des tiges de palmier et des cannes de bambou. Ce style de meubles est désormais imité par de gros fabricants qui les vendent dans le monde entier. Beaucoup de gens, en Asie du Sud-Est, tissent encore eux-mêmes le tissu de leurs vêtements ; ces tissus sont souvent teints avec des extraits naturels de plantes.

Certains objets d'artisanat sont destinés à une clientèle plus aisée, aux touristes, ou fabriqués pour des occasions particulières. En Malaisie, lors des mariages, on porte de riches robes de soie tissées à la main et brodées d'or. Les joailliers travaillent l'argent, l'or, les pierres précieuses, et utilisent également la nacre et le corail. Ils en font des bagues, des bracelets, ainsi que toutes sortes de bijoux et d'objets décoratifs.

Le village des ombrelles
La fabrication d'ombrelles a rendu célèbre, dans le monde entier, un village situé près de Chieng Mai au nord de la Thaïlande. Ces ombrelles sont faites de papier huilé tendu sur des baleines de bambou ; leur imperméabilité leur permet d'offrir une bonne protection contre les pluies torrentielles de la mousson.

La vannerie
En Asie du Sud-Est, on utilise beaucoup de paniers tressés avec des tiges de palmier. Ils servent, par exemple, de panier à provisions sur les marchés. On tresse aussi des parasols et des nattes, selon une technique identique.

Une mosaïque de couleurs

Le *batik* est une technique traditionnelle de teinture qui permet «d'imprimer» des motifs sur les tissus. On passe la cire chaude avec précaution sur le tissu ou on la laisse tomber goutte à goutte. On plonge ensuite le tissu dans un bain de teinture. Puis on enlève délicatement la cire. Comme la teinture n'imprègne que les parties qui ne sont pas recouvertes de cire, on obtient un motif.

Une superposition de couches

Les fameux objets de laque, faits en Birmanie, sont obtenus en appliquant plusieurs couches de laque colorée (la laque est la sève du laquier) et en effectuant un ponçage minutieux entre chaque couche.

La statue des dieux

A une certaine époque, l'art des sculpteurs balinais était considéré comme un hommage rendu aux dieux, et leur travail consistait exclusivement dans la décoration des temples. Désormais, leurs œuvres représentent une importante source de revenus, grâce à la clientèle touristique.

DES INDUSTRIES MODERNES

Bien que dans de nombreux domaines, l'Asie du Sud-Est veuille conserver ses méthodes traditionnelles, la modernisation de son industrie s'avère indispensable pour répondre aux besoins d'une population toujours croissante.

Dans la plupart des pays, à l'époque de l'indépendance, l'économie reposait sur l'exploitation minière et sur les plantations. Cependant, les revenus de ces deux activités étaient devenus insuffisants. L'industrialisation se révélait nécessaire.

Plusieurs pays furent capables de relever rapidement le défi, notamment la Malaisie et Singapour et, dans une moindre mesure, l'Indonésie, la Thaïlande et les Philippines. En encourageant les investissements étrangers, grâce aux profits réalisés par l'industrie pétrolière naissante, ils modernisèrent la fabrication de produits traditionnellement destinés à l'exportation, comme l'étain, le ciment, les textiles, l'habillement et les produits agricoles.

Ils se tournèrent aussi vers de nouvelles industries, comme l'informatique, l'électronique, la pétrochimie, la fabrication de pièces détachées, l'assemblage d'automobiles et d'avions. Le tourisme contribue à accentuer leur puissance économique.

L'information instantanée
Dans les pays de libre économie, les activités commerciales et financières des grandes villes sont facilitées par l'utilisation d'ordinateurs très performants et d'excellents outils de communication, souvent élaborés sur place. Dans cette usine de Thaïlande, des techniciens fabriquent des éléments d'ordinateurs.

La révolution verte
De meilleures méthodes, un équipement plus perfectionné et l'utilisation de plants sélectionnés ont récemment permis l'accroissement de la production agricole dans certains pays du Sud-Est asiatique. Les machines y remplacent désormais l'ancienne charrue tirée par des buffles.

Le tourisme

Chaque année, des touristes viennent du monde entier et apportent leurs capitaux en Asie du Sud-Est. Cette région est devenue l'une des plus touristiques du monde.

Dans les usines

De nombreuses usines, très modernes, ont été créées dans la plupart des pays d'Asie du Sud-Est ; elles emploient une main-d'œuvre qualifiée et laborieuse. Les salaires, généralement bas, influent directement sur les prix de revient. Produits à un coût élevé, les articles peuvent être proposés aux acheteurs étrangers à des prix très compétitifs. Ci-dessous, le contrôle des voitures en Malaisie.

LA RÉUSSITE ÉCONOMIQUE

L'Asie du Sud-Est connaît actuellement une des croissances économiques les plus rapides du monde (sauf dans les pays communistes). Son problème réside dans la manière d'utiliser ces richesses.

Dans certains pays, les riches sont simplement devenus plus riches ; dans d'autres, comme Singapour, la Malaisie et le Brunéi, les profits réalisés ont servi à l'amélioration de la médecine et de l'enseignement, à la modernisation de l'habitat, à la construction de routes et de voies ferrées et au développement de nouvelles lignes aériennes.

Cette modernisation, certes bénéfique, fait aussi surgir de cruels problèmes. La protection médicale accrue entraîne un allongement de l'espérance de vie et une diminution de la mortalité infantile ; la population augmente donc rapidement dans des pays déjà surpeuplés. Les habitants des zones rurales, attirés par la modernisation, délaissent la campagne pour tenter leur chance en ville. Beaucoup d'entre eux se retrouvent massés dans des bidonvilles à la périphérie des grandes villes.

On s'appelle
Le réseau téléphonique se développe constamment. Il couvre désormais presque toutes les zones les plus reculées d'Asie du Sud-Est, bien que le relief et les conditions climatiques mettent parfois à l'épreuve les ingénieurs du téléphone.

Toujours plus haut
Les pays d'Asie du Sud-Est ont largement déployé leurs réseaux routiers, ferroviaires et aériens, de façon à assurer une liaison efficace entre les villes et les régions isolées.

Certains pays, tout particulièrement la Thaïlande et Singapour, possèdent des lignes aériennes internationales, qui figurent parmi les meilleures du monde.

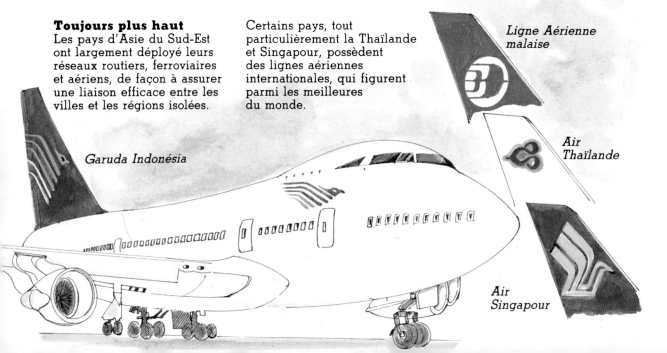

Ligne Aérienne malaise

Air Thaïlande

Garuda Indonésia

Air Singapour

Information et spectacle

Les postes de radio et de
télévision sont désormais très
répandus dans toute l'Asie du
Sud-Est. Ils ne constituent pas
seulement un divertissement,
mais offrent aussi un
excellent moyen de diffuser
l'information. L'Indonésie
a été le premier pays de
la région à établir un réseau
de télécommunications
par satellite pour couvrir
l'ensemble de son territoire.

Le modernisme

La plupart des bénéfices
réalisés par les industries
de pointe sont investis dans
les villes ; les gouvernements
et les sociétés multinationales
construisent des immeubles
modernes et climatisés,
qui abritent des bureaux ou
des logements. La photo ci-
dessous montre la ville de
Kuala Lumpur, en Malaisie.
Le contraste entre
l'architecture du XIXe siècle
et les constructions modernes
y est frappant.

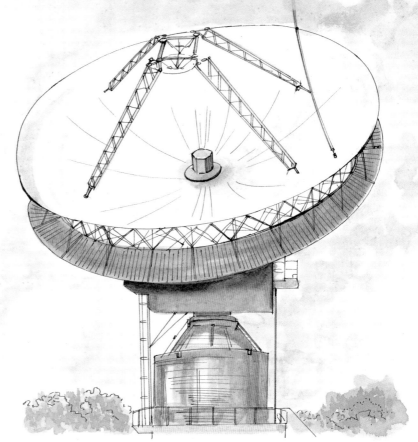

LE PAYS MODÈLE

Singapour est, économiquement parlant, l'un des pays les plus avancés du monde. Ce minuscule pays, d'une superficie de 620 kilomètres carrés seulement, compte 2 600 000 habitants et doit importer presque tous ses biens de consommation, y compris l'eau. Pourtant, grâce à un travail acharné, cette île surpeuplée est parvenue à développer une économie florissante.

Singapour est l'un des ports de commerce les plus actifs du monde ; toutes les dix minutes environ, un navire entre ou sort du port. C'est un centre d'activités important pour la banque, les assurances et les finances. Il y a aussi de nombreuses industries, modernes et très compétitives, spécialisées en particulier dans l'équipement électrique et informatique, la construction navale, le raffinage du pétrole, le textile et l'habillement.

Aujourd'hui, la plupart des habitants de Singapour vivent dans des immeubles très élevés, qui appartiennent souvent à l'État. La population de Singapour bénéficie d'un excellent système de protection sociale et d'éducation : l'enseignement primaire est gratuit pour tous.

Sévère, mais respecté
Lee Kuan Yew (né en 1923) est Premier ministre de Singapour depuis l'indépendance du pays en 1959. Ses idées sur le respect des valeurs morales et le travail ont profondément influencé le pays. Il a fortement contribué à la réussite de Singapour.

Le fondateur
Singapour fut fondé en 1819 par le représentant du gouvernement anglais Sir Thomas Stamford Raffles (1781-1826), précédemment gouverneur d'Indonésie de 1811 à 1816. C'est en parcourant le détroit de Malacca, à la recherche d'un endroit propice à l'installation d'un nouveau port, qu'il découvrit des marais infestés de moustiques mais susceptibles d'être aménagés. De ce projet initialement peu prometteur naquit l'un des plus grands ports de commerce du monde.

La ville de Singapour

La plupart des vieux immeubles de Singapour ont été remplacés par des gratte-ciel où sont installés des bureaux, des appartements et des hôtels. Ils dominent les *sampans*, ces petites embarcations chinoises amarrées dans le port.

Une activité permanente

Le port de Singapour abrite en permanence environ 600 navires ; c'est le plus important port d'Asie du Sud-Est, et le deuxième port du monde (après Rotterdam, aux Pays-Bas).

Points de repère

▶ Singapour comprend une île principale et 57 petites îles.

▶ Singapour compte, actuellement, environ 4 000 habitants au km². Ses quatre langues officielles sont l'anglais, le chinois mandarin, le malais et le tamoul.

▶ Les Chinois représentent 77 % de la population, les Malais 15 %, les Indiens 6 % et les autres groupes 2 %.

▶ 100 kilomètres carrés de terre environ sont réservés aux activités agricoles ; on y cultive des fruits et des légumes, et on y élève des porcs et des volailles ; tous les autres produits alimentaires sont importés, en particulier de Malaisie.

35

UNE LUTTE INÉGALE

Tous les pays d'Asie du Sud-Est n'ont pas des perspectives d'avenir aussi brillantes que Singapour. Le Viêt-nam a été ravagé par cinquante années de guerres, jusqu'en 1975. Elles ont anéanti l'économie, qui reposait principalement sur l'agriculture, et le gouvernement communiste actuel n'a pas véritablement réussi à la relancer. Le pays est très pauvre. Le Laos, également marqué par une succession de guerres, est encore sous-développé. Son commerce avec l'extérieur est d'autant plus limité que le pays n'a aucune ouverture sur la mer ; l'économie dépend de l'agriculture, qui doit se contenter d'un sol montagneux, souvent dévasté par la sécheresse et les inondations. Le Cambodge, désormais placé sous la domination directe du Viêt-nam, commence juste à se remettre du désastre de la dictature de Pol Pot (1975-1978).

La Birmanie fait toujours partie des pays sous-développés, en dépit de ses nombreuses ressources naturelles. Les gouvernements socialistes qui se sont succédé depuis l'indépendance, en 1948, ont pris des orientations économiques qui ont découragé le commerce et les échanges avec le monde extérieur.

Un tyran moderne
Pol Pot, chef du parti révolutionnaire Khmer Rouge, prit le pouvoir au Cambodge en 1975. Les Khmers Rouges voulaient créer une société entièrement nouvelle, uniquement basée sur l'agriculture. Ils forcèrent les gens à quitter les villes pour aller travailler dans les champs. Tous ceux qui protestaient étaient exécutés ; tel fut le sort de milliers de professeurs, de médecins, d'ingénieurs, dont le seul crime était d'être instruits. Pol Pot fut renversé par les Vietnamiens qui envahirent le Cambodge en 1978.

Encore en service
Les bateaux à vapeur construits par les Anglais au cours de la colonisation, avant la Seconde Guerre mondiale, sont encore en service sur le fleuve Irawadi, l'une des principales voies de communication en Birmanie.

Hô Chi Minh-Ville

Hô Chi Minh-Ville est le
nouveau nom de Saigon,
l'ancienne capitale du Sud
Viêt-nam pendant la
colonisation française et la
guerre du Viêt-nam. Lorsque
les Nord-Vietnamiens s'en
emparèrent en 1975, elle fut
rebaptisée du nom du leader
communiste nord-vietnamien,
Hô Chi Minh (1890-1969).
Cette ancienne ville
coloniale, autrefois riche et
vivante, est aujourd'hui peu
animée.

Un pays oublié

Les produits agricoles, les
bois et les minerais avaient
attiré les Français au Laos.
Ce pays a peu évolué depuis
leur départ en 1954. Le Laos
semble presque oublié
du monde extérieur. Ci-contre
le battage du riz, qui permet
de séparer les grains du reste
de la plante, se fait toujours
à la main.

37

SPORTS ET LOISIRS

Tous les habitants d'Asie du Sud-Est partagent la même passion pour les spectacles et les fêtes. Elles sont caractérisées par une profusion de décorations de couleurs vives, de guirlandes de fleurs, et sont généralement fort bruyantes.

À l'origine, la plupart de ces fêtes étaient de caractère religieux. À Bali, lors des cérémonies hindouistes, les spectacles d'ombres chinoises, les concerts de musique *gamelan* et les danses traditionnelles se succèdent toute la nuit, en hommage aux dieux. Aux Philippines, on porte des statues de la Vierge ou des Saints en procession à travers les rues. Dans la tribu des Toradjas, à Sulawesi, les fêtes les plus importantes et les plus somptueuses ont lieu à l'occasion des enterrements.

Les habitants d'Asie du Sud-Est vouent aussi une véritable passion au sport. Ils pratiquent un grand nombre de disciplines internationales, comme le football, le hockey, l'athlétisme, le volley-ball et le badminton. A cela s'ajoutent de nombreux sports et jeux traditionnels, comme la boxe thaïlandaise, les concours de cerfs-volants ou de toupies, des jeux relativement semblables aux échecs, sans oublier les combats de coqs ou les courses de taureaux.

Les jeux d'argent ont toujours remporté un vif succès. Des paris sont organisés lors des combats de boxe thaïlandaise et des combats de coqs.

Sport ou massacre ?

Si les combats de coqs sont désormais déconseillés, ils se pratiquent encore dans certaines régions d'Asie du Sud-Est. Les coqs sont spécialement entraînés pour le combat et on leur attache à la patte un éperon tranchant.

Concours de cerfs-volants

Les démonstrations de cerfs-volants sont très appréciées. Elles donnent parfois lieu à des championnats au cours desquels les cerfs-volants concourent par deux jusqu'à ce que l'un tombe au sol.

Tous les coups sont permis

Les boxeurs qui pratiquent la boxe thaïlandaise ont le droit d'utiliser les pieds aussi bien que les mains. Ce sport soulève de véritables passions, d'autant plus véhémentes que les parieurs engagent beaucoup d'argent.

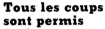

38

Une grâce stupéfiante

La grâce des danseuses thaïlandaises, balinaises et javanaises est célèbre. Elles s'entraînent dès l'enfance à exécuter des danses qui illustrent toujours une histoire traditionnelle.

Gongs et xylophones

La musique traditionnelle d'Asie du Sud-Est est très différente de la musique occidentale. La gamme utilisée n'est pas la même. Cette musique se joue sur une grande diversité d'instruments à percussion, sur de simples instruments à cordes et sur des flûtes. La photo ci-dessous représente un orchestre *gamelan*, en Indonésie.

UNE CUISINE TRÈS ÉPICÉE

La cuisine que consomment la plupart des habitants d'Asie du Sud-Est est extrêmement simple. Elle se compose de riz accompagné d'une sauce à base de légumes et de piments, parfois servi avec un morceau de viande ou de poisson et des fruits frais. C'est une alimentation équilibrée et nourrissante.

Il existe, bien sûr, des spécialités plus recherchées, mais généralement réservées aux grandes occasions, sauf pour les familles riches et aujourd'hui pour les touristes. On sent une légère influence chinoise dans toute la cuisine, tout particulièrement dans l'habitude de frire les légumes. L'influence indienne se retrouve quant à elle dans les *curries,* auxquels on mélange du lait de noix de coco pour adoucir le goût très relevé des piments.

Certains plats élaborés d'Asie du Sud-Est font de cette cuisine l'une des meilleures du monde. Tous sont servis avec une variété de riz parfumé et parfaitement cuit.

Une boisson fraîche et saine

Il y a, à l'intérieur de la noix de coco fraîche, un lait nourrissant et sucré, que l'on peut boire. Lorsque la noix de coco est conservée sans être ouverte, le liquide se solidifie et forme à l'intérieur de l'écorce une paroi blanche ; c'est la « chair » de la noix de coco.

Mangue

Papaye

Ananas

Pamplemousse

Carambole

Mangouste

Litchi

Durion

Des fruits à profusion

On trouve, en Asie du Sud-Est, une quantité étonnante de fruits tropicaux, tels ceux représentés ci-dessus : la mangue, la papaye, l'ananas, le pamplemousse, la carambole, la mangouste, le litchi chevelu, et même le délicieux durion, considéré par beaucoup comme le meilleur des fruits, malgré son épouvantable odeur.

Dans la rue

Les casse-croûte sont très
appréciés en Asie du Sud-Est
et les vendeurs de rue font
de bonnes affaires, tout
particulièrement en période
de fête.

Grillades sur la braise

Le *satay* (ci-dessous) est un
plat typique de Malaisie et
d'Indonésie ; il s'agit de
brochettes de poulet ou de
bœuf, grillées sur la braise,
et servies avec une sauce très
savoureuse à base d'arachide.

Le riz

Le riz est la base de
l'alimentation de l'Asie du
Sud-Est. On en sert à tous les
repas. Cette photo représente
un marchand de riz, sur
un marché javanais.

LA JOURNÉE DE HASAN

Hasan vit dans une maison simple d'un *kampong*, un petit village à la périphérie de Djakarta, en Indonésie. Il dort dans un lit en bois.
L'appel à la prière, lancé de la mosquée, retentit dès les premières lueurs du jour. Hasan se lève, enfile l'uniforme de son école, avant de prendre son petit déjeuner avec sa mère et sa sœur. Le matin, le repas se compose de riz et de légumes. Son père, qui est chauffeur de taxi, est déjà au travail.

Hasan va en classe de huit heures moins le quart à une heure et demie. Aujourd'hui, il a des cours de maths, d'histoire, d'instruction religieuse et d'indonésien *bahasa*, la langue officielle de l'Indonésie, dérivée du malais. Chez lui, il parle le javanais.

Toute la famille se retrouve pour le déjeuner, le principal repas de la journée. Aujourd'hui, il y a un plat de riz, accompagné de viande dans une sauce épicée.

Après le déjeuner, toute la famille se repose, car le temps est très chaud et humide. Dans la soirée, le père de Hasan les emmène tous au marché couvert où sa mère peut acheter du tissu. C'est un endroit qui grouille de monde, il faut se frayer un chemin à travers les encombrements de la circulation et les carrioles des marchands ambulants. Hasan et ses parents mangent un savoureux *satay* au poulet avant de rentrer à la maison.

L'école
La majorité des enfants d'Asie du Sud-Est ont désormais accès à l'enseignement primaire gratuit. Dans beaucoup d'écoles, l'uniforme est obligatoire.

Une vie simple
Les maisons d'Asie du Sud-Est sont généralement meublées simplement. Elles comportent parfois une terrasse, sur laquelle on peut s'asseoir. On peut aussi y installer des nattes, le soir, et y dormir. En famille, on mange souvent assis par terre, sans cérémonie, même si l'on utilise une table pour préparer les repas.

Kampong

Ce mot malais, qui veut dire village, est aussi utilisé pour désigner les faubourgs des grandes villes. Ceux-ci ne sont souvent guère plus que de misérables bidonvilles. Dans la plupart des pays, les gouvernements ont établi des programmes de construction visant à les faire disparaître ; mais c'est une opération difficile car, chaque année, de plus en plus de gens des campagnes affluent vers les grandes villes.

Plusieurs générations

En Asie du Sud-Est, les familles sont très unies et partagent souvent leur maison avec des cousins éloignés, aussi bien qu'avec de proches parents. On prend soin des personnes âgées, qui sont très respectées. Les enfants assument souvent très tôt des responsabilités à l'égard de leurs frères et sœurs, plus jeunes. Cette photo représente une réunion de famille, à Singapour.

L'AVENIR

L'Asie du Sud-Est est en train de devenir l'une des régions les plus intéressantes et les plus fascinantes du monde. Déjà, beaucoup d'autres pays du Tiers Monde, d'Asie, d'Afrique ou d'Amérique du Sud envient le dynamisme avec lequel elle aborde l'avenir, ainsi que ses perspectives de croissance économique régulière. L'A.N.S.E.A. (voir page 6) est l'une des organisations locales les plus influentes du Tiers Monde.

Il serait faux, cependant, de croire que l'Asie du Sud-Est a réussi à surmonter toutes ses difficultés. Certains des pays les plus pauvres du monde se trouvent dans cette région et leur avenir est loin d'être prometteur. Il y a des problèmes sociaux un peu partout et certains groupes sont en guerre ouverte avec leurs gouvernements au Cambodge, en Birmanie, en Indonésie et aux Philippines.

Beaucoup reste à faire. Néanmoins, grâce à la prise de conscience récente de l'existence d'une identité commune et à une coopération accrue entre les États, les pays d'Asie du Sud-Est commencent à voir qu'ils peuvent, dans une certaine mesure, faire face ensemble à leurs problèmes. Des solutions sont en vue. Une prospérité continue et une plus grande stabilité gouvernementale devraient permettre de les atteindre.

Des valeurs immuables
La stabilité de l'Asie du Sud-Est repose principalement sur le respect de valeurs traditionnelles, comme la famille, la patrie et les croyances religieuses. Au milieu de l'agitation du monde moderne, ces moines bouddhistes, vêtus simplement, témoignent des valeurs spirituelles de la vie humaine.

Les « boat-people »
Les problèmes d'un pays peuvent rejaillir sur les autres. Pendant plusieurs années, plus particulièrement en 1978 et en 1979, des centaines de milliers de Vietnamiens ont fui la pauvreté et les difficultés politiques de leur pays. Ils s'embarquaient sur de petits bateaux, avec l'espoir de parvenir dans un pays d'accueil. Beaucoup sont morts noyés. Les survivants ont essentiellement été recueillis par l'Europe et les États-Unis, mais un grand nombre vit encore dans des camps de réfugiés dans diverses régions d'Asie du Sud-Est.

Un cadre magnifique

Les paysages d'Asie du Sud-Est constituent l'une de ses plus grandes richesses. La nature, belle et fertile, a permis à des populations de vivre agréablement pendant des milliers d'années. Désormais, elle attire les touristes du monde entier.

La réussite technologique

Ce centre commercial moderne de Singapour, sobre et efficace, est le produit de la technologie la plus avancée. Il est considéré comme un modèle, non seulement en Asie du Sud-Est, mais dans le monde entier.

INDEX

Sources des illustrations

Illustrations, Ann Savage

Photos (h = haut, b = bas, c = centre, d = droite, g = gauche)
Couverture hg Bibliothèque Hutchison, bg Photothèque Robert Harding, hd Zefa, bd Zefa ; page 9 Allan Power/Bruce Coleman Ltd ; page 11 Horus/Zefa ; page 13 Photothèque Robert Harding ; page 15 Photothèque Robert Harding ; page 17 Starfoto/Zefa ; pages 18 et 21 Photothèque Robert Harding ; page 23 Margaret Collier/Photothèque Robert Harding ; page 24 Tourisme Thaïlandais ; page 25 Zefa ; page 27 h Dr. H. Gaertner/Zefa, b Colin Caket/Zefa ; page 29 Photothèque Robert Harding ; page 30 Luca Invernizzi Tettoni/Photothèque Robert Harding ; page 31 h Tony Reyes/Office du Tourisme Philippin, b R. Ian Lloyd/Bibliothèque Hutchison ; page 33 Photothèque Robert Harding ; page 35 Robin Smith/Zefa ; page 37 R. Guidicelli/Bibliothèque Hutchison ; page 39 h Damm/Zeaf, b. Starfoto/Zeaf ; page 41 h Bibliothèque Hutchison, bg Liba Taylor/Bibliothèque Hutchison, bd Bibliothèque Hutchison ; page 43 h Damm/Zefa, b Ministère du Tourisme de Singapour ; page 45 h Damm/Zefa, b Photothèque Robert Harding.